Regarde, je lis !

CW01669354

Les collections de Mila

Éric Battut
Professeur des écoles

Illustré par
Marion Piffaretti

Cet ouvrage est conforme à la nouvelle orthographe
www.orthographe-recommandee.info

FSC www.fsc.org
MIXTE
Papier issu de sources responsables
FSC® C022030

Nathan

Mila a commencé une collection
de timbres avec son papi.
Elle en a beaucoup de France.
Mais elle en a aussi d'Italie,
de Grèce, de Suède et même
d'Amérique.
Elle les emporte partout avec elle,
même lorsqu'elle va se promener.

Après le piquenique avec son papi et sa mamie, Mila s'assoie au bord de la rivière.
Elle regarde ses timbres.
Tout à coup, la boite lui échappe et tombe dans la rivière.

La boite de timbres est emportée.
Mila pleure car elle a perdu ses timbres et car elle a peur de se faire gronder.
Mais son papi et sa mamie lui font un bisou pour la consoler.

Mila décide alors de collectionner

les fourmis.

Elle en trouve rapidement beaucoup.

Elle les met dans un bocal.

Tous les jours, elle les regarde.

Mais un matin, le bocal est vide.
Les fourmis se sont toutes sauvées.
Mila est triste. Mais sa maman
lui dit :
– Elles sont bien mieux en liberté.
Et sa maman lui fait un bisou pour
oublier.

Comme ses copines, Mila décide alors de faire une collection de cartes « Mégatop ».
Elle en a plein.
Elle les compte. Elle les classe.
Elle les compare.

Un jour, elle met la pile de cartes
sur le rebord de la fenêtre.
Mais le vent se lève
et les emporte toutes !
Mila n’arrive pas à les rattraper.

Elle pleure.
Alors le vent vient lui caresser
la joue et lui sécher les larmes.

Maintenant, Mila décide de faire une collection de sucettes. Elle en a une au gout de fraise, une autre au gout de pomme, d'autres à la framboise, au citron, au caramel et à la prune.

Elle montre sa collection à Noé.
Mais Noé veut en gouter une.
Puis une autre. Et encore une autre.
À la fin, il ne lui reste plus que la sucette à la prune. Bien sûr, parce que Noé n'aime pas la prune.

– On ne peut pas faire une collection avec une seule sucette !, se dit Mila.

– Pardon d'avoir tout mangé, dit Noé. Et il lui fait un bisou pour se faire pardonner.

Alors Mila décide de collectionner des jolis chatons en porcelaine. Elle en a déjà cinq, tous différents. Mais Cachou le chat veut voir ça de près. Il met la patte.

Badaboum ! La collection tombe
et se brise en mille morceaux.
Mila est triste. Alors Cachou
se glisse entre ses bras.
Mila enlace son chat et lui fait
un gros bisou dans le cou.

Noé vient consoler Mila.

Il est surpris car il la trouve toute souriante.

– J'ai enfin trouvé la bonne collection, dit Mila.

– Ah bon, ce sera quoi ?, demande Noé.

– Je vais collectionner les bisous ! répond Mila. Et j'en ai déjà beaucoup !

Et hop ! Un de plus.

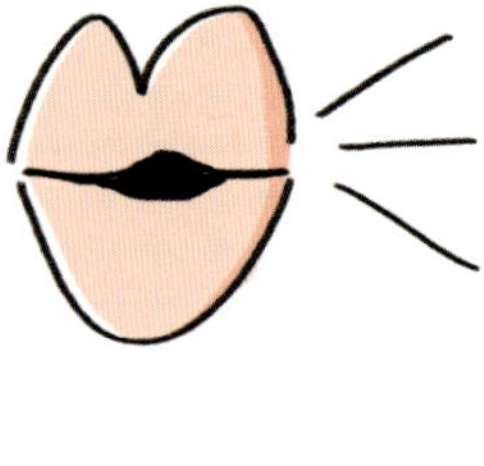

Qu'as-tu retenu de l'histoire ?

Quelle est la première collection de Mila ?

Une collection de timbres.

Qu'est devenue la boite de timbres ?

Elle est tombée dans la rivière.

Comment Mila perd-elle sa collection de fourmis ?

Les fourmis se sont échappées du bocal.

Comment Mila perd-elle sa collection de cartes « Mégatop » ?

Les cartes s'envolent par la fenêtre.

Que collectionne encore Mila ?

Des sucettes et des chatons en porcelaine.

Qu'a fait Cachou le chat ?

Il a fait tomber la collection de chatons.

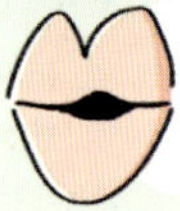

À la fin, que décide de collectionner Mila ?

Elle décide de collectionner les bisous.

Création maquette et mise en pages : Céline Julien
© Nathan, 2018 – ISBN : 978-2-09-193270-5
N° d'éditeur : 10238155 – mai 2018 – Imprimé en France par Pollina - 85066